Wissenschaftlicher Name:
Acer pseudoplatanus
Familie: Ahorngewächse
Gestalt: Bis zu 35 m hoch mit regelmäßiger, dichter, breitgewölbter Krone; gerade aufgerichteter Stamm, Äste sind weit ausgebreitet.
Rinde: Im Alter rosabraun, rissig und in großen Schuppen abblätternd.
Blätter: Bis 20 cm lang; aus 5 mehr oder weniger spitz zulaufenden Lappen bestehend, grobgezähnt, fünfnervig, oberseits dunkelgrün, unterseits heller und blaugrün; die Buchten sind spitz; Stiel bis 15 cm lang, oberseits rot, ohne Milchsaft.
Blüten (V, mit dem Laubaustrieb): Gelbgrün mit 5 Kelch- und Blütenblättern in 10 cm langen, hängenden Trauben, sehr honigreich und von Insekten beflogen.
Früchte: Sogenannte Spaltfrüchte, die aus 2 Teilfrüchten bestehen (Nüßchen mit Flügel), sie stehen etwa im rechten Winkel zueinander und drehen sich wie Propeller, wenn sie nach der Reife im November vom Baum fallen.

Spitzahorn

Auch nach dem Laubaustrieb gibt es noch Blüten. Die Blätter sind scharf zugespitzt. Daher der Name (oben). Die Flügel der Doppelfrüchte sind fast waagerecht gespreizt (Mitte). Der Stamm unterscheidet sich deutlich von dem des Bergahorns, er hat eine netzartige Struktur (unten).

Der Spitzahorn wächst in fast allen Teilen Europas bis hin zum Kaukasus: ein Baum der Ebenen, Täler und des niederen Berglandes. Er ist sehr anpassungsfähig und fast überall zu finden. Forstlich wird er kaum angepflanzt, dagegen um so mehr an Straßen, Plätzen und in Parks. Auch Gartenformen gibt es vom Spitzahorn. Sie zeigen verschiedene Farbvariationen der Blätter: weißgerandete, rote und purpurrote, oder auch Blüten in roter Farbe. Der Baum wird nur etwa 100 Jahre alt. Das Holz des Spitzahorns ist etwas dunkler als das des Bergahorns, besitzt aber die gleiche Qualität. Die Namen »Ahorn« und *Acer* sind miteinander verwandt, sie gehen auf das lateinische Eigenschaftswort *acer* = »scharf« zurück. Gemeint sind damit die scharf-spitzen Blattzipfel des Spitzahorns. *Platanoides* heißt »platanenähnlich« und weist – wie schon beim Bergahorn – auf gewisse Ähnlichkeiten mit diesem Baum hin.

Wissenschaftlicher Name: *Acer platanoides*
Familie: Ahorngewächse
Gestalt: Etwa 25 m hoch mit regelmäßiger, ausgebreiteter Krone; Stamm meist schlank und gerade.
Rinde: Durch senkrechte Furchen netzartig zerrissen, nicht abschuppend.

Triebe: Erst grünlich, dann rötlichbraun.
Blätter: Bis 18 cm breit, mit 5–7 Lappen, die in lange Spitzen auslaufen; die Buchten zwischen den Lappen sind meist rund; vom Blattstiel gehen 7 Nerven aus; der Stiel ist bis zu 15 cm lang und hat Milchsaft.
Blüten (IV, V, vor dem Laubaustrieb): Wie auch bei den anderen Ahornarten gibt es sowohl zwittrige Blüten (mit funktionsfähigen Staubgefäßen und Stempeln) als auch scheinzwittrige (funktionsfähig ist nur eine Komponente); es gibt sogar zweihäusige Bäume (mit nur männlichen oder nur weiblichen Blüten); die Blüten sind gelbgrün, sitzen in aufrechtstehenden Dolden und haben viel Nektar; im Frühling entfalten sie, da sie vor den Blättern erscheinen, eine auffallende Pracht.
Früchte: Wie beim Bergahorn; die Flügel der Doppelfrüchte sind fast waagerecht gespreizt.

Feldahorn

Die Blätter haben stumpfe oder abgerundete Spitzen (oben). Die Fahnen der Früchte sind rot und stehen waagerecht auseinander (Mitte). Bald über dem Boden ist der Feldahorn oft mehrstämmig (unten).

Der Feldahorn ist in ganz Europa bis hin nach Südschweden verbreitet, darüber hinaus wächst er in Nordafrika, Kleinasien und im Kaukasus. Seine Fähigkeit, sich den verschiedensten Standorten anzupassen, macht es ihm möglich, an vielen Stellen Fuß zu fassen. Wenn die Bedingungen besonders ungünstig sind, entwickelt sich nur ein Strauch. Der Feldahorn verträgt mehr Schatten als Berg- oder Spitzahorn und wächst vor allem in der Ebene und im Hügelland: in Laubwäldern, an Waldrändern, Feldwegen, Gebüschen oder Brachflächen. Sein Name *campestre* = »im Feld (wachsend)« weist auf den Lebensraum dieses Baums hin. Forstlich wird er vor allem wegen seines sehr langsamen Wachstums kaum verwendet und erscheint als Nutzholz vor allem in Windschutz- oder sonstigen Hekken. Besonders häufig aber wird der kleine, wenig Platz beanspruchende Baum in Parks und Gärten angepflanzt. Wie bei allen Ahornarten verfärbt sich das Laub des Feldahorns im Herbst leuchtend bunt, das ist wohl auch der Hauptgrund für seinen Erfolg als Ziergehölz. Das Holz ist etwas rötlich und schön gemasert, es wird, wie die anderen Ahornhölzer, vor allem von Kunsttischlern und Drechslern verwendet.

Wissenschaftlicher Name: *Acer campestre*
Familie: Ahorngewächse
Gestalt: Bis 10 (15) m hoch; Strauch oder Baum mit rundlicher Krone; Stamm oft geneigt, krumm und knorrig.
Rinde: Anfangs braun, glatt; mit einem dichten Netz von Längsrissen.
Triebe: Zuerst grün, später rotbraun.
Blätter: Etwa 10 cm breit, drei- bis fünflappig mit stumpfen oder abgerundeten Spitzen, oft ganzrandig, am Rand bewimpert, fünfnervig; der Stiel ist rotbraun und hat Milchsaft.
Blüten (IV, V, mit dem Laubaustrieb): Grünlich, in aufrechten bis überhängenden Doldenrispen; meist zweihäusig. 5zählige, doppelte, freiblättrige Blütenhülle, gelbrün.
Früchte: Spaltfrüchte wie bei den anderen Ahornarten; die karmesinroten Flügel sind waagerecht gespreizt.

Schwarzpappel

Die Blätter sind lang zugespitzt und sitzen an flachen Stielen (oben). Die Blüten haben die Form länglicher Kätzchen, hier: die rötlich gefärbten männlichen Blüten (Mitte). Der Stamm hat eine tiefgefurchte, dunkelgraue Rinde (unten).

Stattlicher Baum, der 150 bis 200 Jahre alt werden kann. Seine Heimat ist Mittel- und Südeuropa, Nordafrika und Asien. Die Schwarzpappel wächst gern in Auwäldern, an Fluß- und Bachufern, in den Alpen bis auf 1800 Meter. Der Name weist auf die grauschwarze Rinde hin, auch *nigra* bedeutet »schwarz«. Rauch und Staub der Städte machen ihr nichts aus, sie wird daher häufig in Parks angepflanzt. Pappelholz ist weich, es wird zu Streichhölzern, Kästchen und Schnitzereien, vor allem aber auch zur Papierherstellung verwendet.

Wissenschaftlicher Name: *Populus nigra*
Familie: Weidengewächse
Gestalt: Bis zu 30 m hoch; Krone weit ausladend; kurzer und kräftiger Stamm, in starke Äste übergehend, oft mit knollenartigen Auswüchsen.
Rinde: Tief gefurcht, dunkelgrau.
Triebe: Zahlreiche Stockausschläge (aus den Stümpfen gefällter Bäume).
Blätter: Wechselständig, breit-dreieckig, lang zugespitzt, feingesägt; Form und Größe am selben Baum unterschiedlich; Rand mit durchscheinender Zone, nicht behaart; Unterseite heller, der Stiel ist flachgedrückt.
Blüten (III, IV, vor dem Laubaustrieb): An länglichen Kätz-

chen; männliche sind rötlich, weibliche grauweiß. Pappeln sind zweihäusig.
Früchte: Kapseln; Samen wollig behaart, ab Juni.
Hinweis: Eine Form der Schwarzpappel ist die Pyramidenpappel *(Populus nigra »Italica«)*, auch Napoleon-Pappel genannt, weil sie in dieser Zeit vorwiegend als Straßenbaum gepflanzt wurde. Sie unterscheidet sich durch schlanken Wuchs und die spitzen Astwinkel. Vermutlich ist sie im 18. Jahrhundert aus der Schwarzpappel in Italien entstanden. Da sie durch Stecklinge von einem männlichen »Ur-Baum« vermehrt wurden, sind nahezu alle Pyramidenpappeln männlich. Die Kanadische Pappel *(Populus x canadensis)* ist der Schwarzpappel sehr ähnlich und wird wegen des schnellen Wuchses viel angepflanzt. Unterscheidung: Blätter sind kleiner, haben auch die durchscheinende Randzone, sind aber am Rand bewimpert. Am Übergang zum Stiel finden sich zwei kleine Drüsenhöcker.

Silberpappel, Weißpappel

Die Blätter sind rundlich geformt und tragen unterseits eine weiße Behaarung (oben). Männliche Kätzchen. Die weiblichen haben eine graugrüne Farbe und sind kürzer (Mitte). Auch der Stamm ist silbrig, vor allem im oberen Teil des Baums (unten).

Dieser hohe Baum fällt durch seine silbrigen Blätter auf. Er ist in Süd- und Mitteleuropa, in West- und Mittelasien und in Nordafrika zu Hause. In Schweden und Nordamerika wurde er eingeführt. Die Silberpappel gedeiht unterhalb von 600 Metern Höhe in Auwäldern, Mooren, aber auch auf sandigen Böden, meistens in Gesellschaft von anderen Pappeln, Weiden und Erlen. Angepflanzt wird sie in Alleen und Parks. Sie kann 300 bis 400 Jahre alt werden. Der deutsche Name bezieht sich ebenso wie der wissenschaftliche (*alba* = weiß) auf die Blätter. Das weiche Holz eignet sich zur Herstellung von Schachteln, Zündhölzern, Zellwolle.

Wissenschaftlicher Name: *Populus alba*
Familie: Weidengewächse
Gestalt: Bis zu 30 m hoch; die Krone ist ausgebreitet; kräftiger Stamm mit aufwärts strebenden Hauptästen.
Rinde: Hellgrau und glatt, an den Ästen grünlichblau, später mit rautenförmigen Rissen; an der Stammbasis dunkel und rissig.
Triebe: Jung grün und weißwollig behaart, im zweiten Jahr hellbraun.
Blätter: Wechselständig, mehr oder weniger handförmig gelappt, zuweilen fast rundlich, oberseits dunkelgrün und glänzend, unterseits

mit schneeweißer, filziger Behaarung; Stiele sind rund und behaart.

Blüten (III, IV, vor dem Laubaustrieb): Lange, aufrecht stehende Kätzchen, die weiblichen rosarot, die männlichen fahlgrau; alle Pappeln sind zweihäusig.

Früchte: Kapseln; Samen mit wolligen Haaren.

Ähnliche Art: Die Graupappel *(Populus canescens)* ist nicht leicht von der Silberpappel auseinanderzuhalten. Unterscheidungsmerkmale: Bei der Graupappel verschwindet die Blattbehaarung nach 2 Monaten, bei der Silberpappel bleibt sie, bei der Graupappel sind die Blätter der Wurzeltriebe nicht handförmig gelappt, bei der Silberpappel sind sie es. Wuchshöhe und Verbreitungsgebiet entsprechen denen der Silberpappel.

Zitterpappel, Aspe, Espe

Die Zitterpappel erhielt ihren Namen wegen ihrer Blätter, die im Wind »wie Espenlaub zittern«. Der Baum ist in ganz Europa, Asien und Nordafrika beheimatet und somit die am weitesten verbreitete Pappel. Er bevorzugt lichte Standorte im lockeren Wald, am Waldrand, an Wegrändern. Die Zitterpappel ist wenig kälteempfindlich und wächst noch in Höhen von 2000 Metern. Wie die anderen Pappeln ist sie kein waldbildender Baum, sondern wächst eher zerstreut. Sie wird etwa 100 Jahre alt. Sowohl der deutsche als auch der wissenschaftliche Name (*tremulare* = zittern) beschreiben die extreme Beweglichkeit der Blätter, die an sehr dünnen, flachgedrückten Stielen hängen. In Nordeuropa ist die Espe ein wirtschaftlich bedeutender Nutzbaum. Das Holz hat keinen Kern, ist weich, leicht und gut spaltbar. Es wird für die Herstellung von Papier, Schachteln, Streichhölzern oder als Blindholz beim Möbelbau verwendet.

Die rundlichen Blätter hängen an langen, dünnen Stielen und sind daher sehr beweglich (oben). Kätzchen mit weiblichen Blüten, die männlichen Blüten sind rot gefärbt (Mitte). Die glatten und hellgrauen Äste ähneln denen der Silberpappel (unten).

Wissenschaftlicher Name: *Populus tremula*
Familie: Weidengewächse
Gestalt: Mittelgroßer Baum bis zu 25 m hoch; lichte und offene Krone; Stamm »reinigt« sich bis hoch hinauf von Ästen; diese stehen mehr oder weniger waagerecht ab.

Rinde: Gelb-grünlich-grau, glatt und mit waagerechten Rindenporen durchsetzt; im Alter rissig und dunkelgrau.
Triebe: Glänzend dunkelbraun; zahlreiche Wurzelsprosse.
Blätter: Wechselständig, fast rundlich mit nur kurzer Spitze, grobgezähnt; an den Wurzelsprossen mehr herzförmig mit längerer Spitze; die Unterseite ist heller; Blattstiele sehr dünn und flachgedrückt.
Blüten (III–IV, vor dem Laubaustrieb): An hängenden Kätzchen, die männlichen sind hellrot, die weiblichen grünlich; Zitterpappeln sind, wie alle Pappeln, zweihäusig, es gibt mehr männliche als weibliche Bäume.
Früchte: Ab Mitte Mai reifen an den weiblichen Kätzchen schlanke, zweiklappige Kapseln; die Samen sind kleine Nüßchen mit weißwolligen Haaren, die als Flugorgane dienen.

Salweide

Blütenstände eines weiblichen Baums (oder Strauchs) (oben). Diese Kätzchen gehören zu einem männlichen Baum. Vor dem Aufblühen sind sie silbrig-pelzig (Mitte). Die Salweide kann sowohl als Baum (einstämmig) oder als Strauch (mehrstämmig vom Erdboden ab) vorkommen (unten).

Dieser kleine Baum oder Strauch ist bekannt und beliebt wegen der Palmkätzchen, die im März an den noch blattlosen Zweigen hervorbrechen und früher im »Palmbuschen« am Palmsonntag in die Kirche getragen wurden. Aber auch zur Zierde der häuslichen Vasen werden die Salweiden geplündert, und die Bienen, denen die goldgelb aufgeblühten, männlichen Kätzchen eine erste Frühjahrsnahrung bieten, haben das Nachsehen. Der Baum ist in ganz Europa und in Asien bis Sibirien zu Haus. Er wächst wild auf Kahlschlägen, an Waldrändern, in Steinbrüchen, an Flüssen. Feuchte Böden werden bevorzugt. Er wird bis zu 60 Jahre alt. Der Name *Sal* kommt aus dem althochdeutschen *sahala* = »Weide«. Der lateinische Name *caprea* (wilde Ziege) erinnert offenbar daran, daß die Blätter gern von Ziegen gefressen werden. Die Rinde diente zum Gerben, das Holz ist kaum zu verwenden, weil es sehr weich ist. Die Salweide bildet mit anderen Weiden Bastardformen, die schwer zu unterscheiden sind.

Wissenschaftlicher Name: *Salix caprea*
Familie: Weidengewächse
Gestalt: Oft ein dickästiger Strauch, als Baum 5–7 m hoch, ausnahmsweise bis

12 m; Krone dicht und rundlich; Stamm häufig gekrümmt, dick und kurz.

Rinde: In der Jugend graugrün und glatt, später hellgrau und rissig; Äste grünlich (weibliche Bäume) oder rotbraun (männliche Bäume).

Triebe: Im ersten Jahr flaumig behaart, später kahl; Knospen mit nach außen verbogener Spitze.

Blätter: Eiförmig breit, 4 bis 10 cm lang, mit seitlich verbogener Spitze, der Rand glatt oder gekerbt; sie sind runzlig, oberseits mattgrün, unterseits graugrün und flaumig behaart, die Nerven treten stark hervor; insgesamt sehr veränderlich; Stiel ist lang, flaumig, rötlich.

Blüten (III, IV, vor dem Laubaustrieb): Männliche Kätzchen sind zuerst silbrig-pelzig (Palm-Kätzchen), dann durch herausragende Staubfäden goldgelb, die weiblichen sind länglicher und grünlich.

Früchte: Längliche Kapseln; die Samen haben wolligweiße Flughaare.

Bruchweide, Knackweide

Die Blätter der Bruchweide sind, wie bei den meisten Weiden, länglich und zugespitzt (oben). Winterliche Triebe mit den Knospen für die kommende Vegetationsperiode (Mitte). Die graue Rinde zeigt breite, senkrechte Risse (unten).

Der mittelgroße Baum mit seiner unregelmäßigen, offenen Krone hat viel Ähnlichkeit mit der Silberweide, mit der er auch die bevorzugten Standorte gemeinsam hat: feuchte Wälder, Flußufer, bachbegleitende Gehölze im Verband mit Schwarzerlen. Die Urheimat der Bruchweide ist wahrscheinlich das östliche Europa und das ganze mittlere Asien bis nach Sibirien. Bei uns wird sie als dekorativer Parkbaum an Gewässern oder als Uferbefestiger angepflanzt; sie kommt aber auch wild vor. Ihren Namen hat die Bruch- oder Knackweide von der Tatsache, daß die dünnen Zweige an ihrer Ansatzstelle mit einem lauten »Knack« abbrechen, wenn man sie zur Seite biegt. Die Bruchstelle ist völlig sauber. Auch starker Wind kann die dünnen Zweige abbrechen, die dann – vom Wasser weitertransportiert – an anderer Stelle Wurzeln schlagen. Diese vegetative Vermehrung trägt zusätzlich zur Ausbreitung der Art bei. Auch andere Weidenarten werden durch Stecklinge vermehrt. Sowohl der deutsche als auch der wissenschaftliche Name beschreiben die Zerbrechlichkeit der Zweig-Ansatzstellen (*fragilis* = zerbrechlich). Das Holz ist weich und leicht, man verwendet es unter anderem zur Herstellung von Prothesen und Holzschuhen.

Wissenschaftlicher Name: *Salix fragilis*
Familie: Weidengewächse
Gestalt: Bis zu 5 m hoch; mit breiter, unregelmäßiger Krone; gebogener Stamm.
Rinde: Dunkelgrau, anfangs schuppig, später tief gefurcht,
Triebe: Im Frühjahr hellorange, später bräunlich; sie stehen fast rechtwinklig von den älteren Ästen ab; an der Basis brüchig bei Belastung.
Blätter: Länglich, zugespitzt, bis 12 cm lang, am Rand feingesägt, oberseits glänzend hellgrün, unterseits blaßgrau oder bläulich bereift; der Stiel ist 1–2 cm lang, am Übergang zum Blattgrund finden sich 2 kleine Drüsenhöcker.
Blüten (III–V, mit dem Laubaustrieb): Männliche Kätzchen 2–5 cm lang, gelb, weibliche bis 10 cm und grünlich.
Früchte: Kapseln mit Samen; die Samen haben eine wollige Behaarung, die als Flugorgan dient.

Hängebirke, Weißbirke

Die Blätter der Hängebirke sind wechselständig, lang zugespitzt mit 1,5–3 cm langem, kahlem Stiel; bei der Moorbirke formen sich die Blattspitzen kürzer (oben). Die Hängebirke ist einhäusig; hier: männliche Kätzchen (Mitte). Die Rinde des Stammes ist anfangs glänzend goldbraun, später weiß und bietet so das charakteristische Bild der Birke (unten).

Die Birke beschert uns im Frühjahr die ersten grünen Blätter, und so ist von alters her das »Maigrün« Bestandteil vieler Frühlingsbräuche. Ebenso alt ist der Name, der sich ähnlich lautend in vielen indogermanischen Sprachen wiederfindet (althochdeutsch: *birihha*). Die Hängebirke ist in den gemäßigten und kalten Zonen Europas und Asiens zu Hause. Während sie in Nord- und Osteuropa Wälder bildet, gilt sie in Mitteleuropa mehr als ein Baum, den man nur dort anpflanzt, wo kaum ein anderer Baum wächst und die Bodenbeschaffenheit besonders ungünstig ist: sandig, nährstoffarm oder sauer. Nur schattig darf der Standort nicht sein. In Gärten, Parks und an Straßenrändern ist die Hängebirke hingegen sehr beliebt wegen ihres dekorativen Wuchses. Sie wird in der Regel 100 bis 120 Jahre alt. Das harte, weiße Holz wird zu Möbeln, Furnieren und Sperrhölzern verarbeitet, es besitzt außerdem einen hohen Heizwert (sogar frisch geschlagenes Birkenholz brennt!). Die dünnen Zweige werden zu Reisigbesen gebunden, der zuckerhaltige Birkensaft wird vergoren oder als Bestandteil von Haarwässern verwendet.

Wissenschaftlicher Name: *Betula pendula*
Familie: Birkengewächse
Gestalt: Bis 30 m hoch; jung mit spitzem, später mit rundem Wipfel; Stamm oft gekrümmt mit wenigen starken Ästen, die Zweigenden sind oft überhängend.
Rinde: Jung goldbraun glänzend, später weiß mit querliegenden Korkleisten.
Triebe: Kahl, meist mit hellen Warzen.
Blätter: 3–7 cm lang, breit, mit langer Spitze, am Rand doppelt gezähnt.
Blüten (IV, V, mit dem Laubaustrieb): Einhäusig; männliche Kätzchen rötlichgelb, weibliche dicker und kürzer.
Früchte: Braune Fruchtzapfen, darin sitzen die geflügelten Samen.
Ähnliche Art: Die Moorbirke *(Betula pubescens)* ist in Nordeuropa häufiger und wächst gut an nassen Standorten. Unterscheidungsmerkmale: keine hängenden Zweige, junge Triebe ohne Warzen, aber behaart, Blätter einfach gezähnt, weniger spitz.

Schwarzerle, Roterle

Statt einer Spitze haben die Blätter oft eine Einkerbung (oben). Weibliche Kätzchen, die in der Reifezeit zu kleinen Zapfen verholzt sind. Sie hängen auch noch im folgenden Jahr am Baum (Mitte). Die Stämme der Schwarzerle sind dunkelbraun. Bei gefällten Erlen entstehen oft mehrstämmige »Stockausschläge« (unten).

Der regelmäßig gewachsene Baum mit den abstehenden Zweigen ist der Begleiter unserer Bäche, Gräben und kleinen Flüsse, bildet lockere Bestände in feuchten Niederungen und Mooren (Erlenbruch) und kann 100 Jahre alt werden. Durch Symbiose mit Bodenbakterien ist die Schwarzerle in der Lage, den Stickstoff der Luft auszunutzen. Aufgrund ihres Wurzelsystems kann sie auch auf sehr nassen und moorigen Böden »Fuß fassen«. Dort tritt sie als »Pionierpflanze« auf. Der Baum ist in Europa, Westasien und Nordafrika verbreitet. Der Name kommt schon im Althochdeutschen als *erila* vor. Im Volksglauben schützen Erlenzweige vor Hexen. Das Holz der Schwarzerle wird an der Luft orangerot (»Roterle«), man fertigt daraus Spielzeug, Holzschuhe, Drechslerarbeiten; die Holzkohle dient als Bestandteil von Schießpulver. Erlenholz, das im Wasser steht (Pfähle für Bootsstege), ist lange haltbar.

Wissenschaftlicher Name:
Alnus glutinosa
Familie: Birkengewächse
Gestalt: Bis zu 25 m hoch; anfangs streng kegelförmig mit spitzem Wipfel, später abgerundet; Stamm bis zur Spitze durchgehend, oft mehrstämmig, Äste waagerecht abstehend.

Rinde: Jung glatt, glänzend grünlichbraun, später rissig, schwarzbraun.
Triebe: Kahl, jung klebrig; Knospen gestielt und klebrig (*glutinosa* = klebrig), Baumstümpfe schlagen wieder aus.
Blätter: Bis 10 cm lang, eiförmig, vorn abgerundet oder eingebuchtet, einfach gesägt, unterseits heller, in der Jugend klebrig; im Herbst fällt das Laub grün ab.
Blüten (III, IV, vor dem Laubaustrieb): Einhäusig, Kätzchen; die männlichen sind langgestreckt, die weiblichen rundlich und deutlich gestielt.
Früchte: Weibliche Kätzchen verholzen (zapfenähnlich), Samen fallen erst nach dem Winter aus.
Ähnliche Art: Die Grauerle (*Alnus incana*) ist weniger häufig, wächst auch auf trockeneren Böden, oft als Busch. Unterscheidung: Rinde grau und glatt (*incana* = ganz grau); Blätter zugespitzt, unterseits graufilzig; weibliche Kätzchen ohne Stiel.

Hainbuche, Weißbuche

Die Blätter sind wechselständig, zweizeilig angeordnet und an den stark hervortretenden, geradlinigen Nerven gut zu erkennen (oben). Die Früchte der Hainbuche sind kleine Nüßchen, die an dreiflügeligen Tragblättern sitzen (Mitte). Der noch glatte, graurötliche Stamm eines jungen Baums. Später wird er wulstig, mit seicht rissiger Rinde (unten).

Vielen ist dieser Baum nur in Form der »Buchen«-Hecke bekannt, oft flächig und kantig beschnitten. Ohne solche Eingriffe wächst die Hainbuche jedoch zu einem stattlichen Baum heran, der in mancher Beziehung der »richtigen« Buche ähnelt: in der Wuchsform und dem grauen, glatten Stamm. Eine botanische Verwandtschaft besteht jedoch nicht. Der deutsche Name »Hain«buche hängt mit *Hag* = »Einfriedung« zusammen und zeigt, daß von alters her dieser Baum als Heckenpflanze verwendet wurde. Seine Heimat ist Europa – ohne Spanien und Nordskandinavien – bis hin zum Kaukasus. Bei uns wächst er in den Laubmischwäldern, meist einzeln, oft im Unterholz oder auch buschförmig, verträgt Schatten und wächst nur langsam, kann aber 150 Jahre alt werden. Besonders groß ist das Ausschlagvermögen: Laufend kann man die Zweige der Hainbuche beschneiden, sie wachsen immer wieder nach. Das Holz ist besonders hart und zäh und eignet sich zu Werkzeugstielen, Holzschrauben, Kegeln. Die Farbe ist weißgelb, daher »Weiß«-buche.

Wissenschaftlicher Name: *Carpinus betulus*
Familie: Birkengewächse
Gestalt: Höhe bis zu 25 m; Krone unregelmäßig, zuweilen ausladend; Stamm oft gewunden, gedreht und mit tiefen Längsfurchen, nicht selten vielstämmig.
Rinde: Glatt, graurötlich, später wulstig und zerrissen.
Triebe: Anfangs fein behaart, dunkel graubraun.
Blätter: 8–10 cm lang, länglich-eiförmig mit Spitze, am Rand doppelt gesägt; die geradlinigen Nerven treten stark hervor, parallel dazu eine plisseeartige Fältelung der Blattfläche; rötliche Stiele.
Blüten (V VI, mit dem Laubaustrieb): Die Hainbuche ist einhäusig und bringt grünliche Kätzchen hervor; die männlichen sind 4–6 cm, die weiblichen etwa halb so lang.
Früchte: Kleine Nüsse, an dreiflügeligen Tragblättern sitzend, in hängenden Ständen, die bis zum Winter am Baum bleiben. Sie sind aus der Entfernung ein gutes Unterscheidungsmerkmal zur Rotbuche.

Rotbuche

Die Blätter der Rotbuche sind glänzend und glatt; der Blattrand ist schwach wellig, ganzrandig oder mitunter stumpf gezähnelt (oben). Die Früchte der Rotbuche, in denen zwei dreikantige, braune Nüsse, die Bucheckern, stecken (Mitte). Der Stamm ist hellgrau und glatt und wird gern mit dem Messer beschnitzt. (»Ich schnitt es gern in alle Rinden ein« – unten.)

Sie ist unser wichtigster heimatlicher Laubwaldbaum, der den »Hochwald« bildet. Sein Name ist alt und bodenständig – im Althochdeutschen lautet er *buohha.* »Rot«buche steht im Gegensatz zur »Weiß«- oder Hainbuche und beschreibt die Farbe des jeweiligen Holzes; sie wächst im gemäßigten, luftfeuchten Klima, meidet aber die Gebiete Nordskandinaviens. Bei uns ist sie unter den Laubbäumen der wichtigste Forstbaum und wächst gern auf Kalk und tonig-sandigen Böden. Die dichte Belaubung bringt es mit sich, daß es im Buchenwald immer schattig und kühl ist. Außerhalb des Waldes ist die Buche als Parkbaum geschätzt, vor allem auch in den besonders dekorativen Varietäten der purpurblättrigen Blutbuche oder der Trauerbuche. Es gibt 300jährige Exemplare, im allgemeinen wird sie jedoch nur 150 Jahre alt. Das Holz ist schwer und hart. Man fertigt daraus Schwellen, Parkettstäbe, Fässer, Möbel und verwendet es als Bau- und Brennholz. Die Bucheckern dienten ehemals als Futter für Schweine und Geflügel.

Wissenschaftlicher Name:
Fagus sylvatica
Familie: Buchengewächse
Gestalt: Bis zu 40 m hoch; Krone dichtästig und hochgewölbt; Stamm im Freistand kurz und tief beastet, im Wald bis hoch hinauf astlos.
Rinde: Hellgrau, bis ins hohe Alter glatt mit weißlichen Flekken.
Blätter: 6–10 cm lang, glänzend und glatt, eiförmig, ganzrandig-wellig, vorn zugespitzt; anfangs lichtgrün, seidig behaart und faltig, später dunkelgrün, im Herbst gelbrot, im vertrockneten Zustand zum Teil bis zum nächsten Frühjahr am Baum bleibend.
Blüten (IV, V, mit dem Laubaustrieb): Einhäusig; die männlichen kugelig an langen Stielen in Büscheln herabhängend, die weiblichen zu zweit in einer haarigen Hülle.
Früchte: 2 scharf dreikantige, 1–2 cm lange, braune Nüsse (Bucheckern) in einer weichstacheligen Schale, die sich zur Reifezeit (IX/X) mit 4 Klappen öffnet.

Edelkastanie

Männliche Blütenstände. Die Edelkastanie ist einhäusig (oben). Die weichstacheligen Fruchtschalen brechen zur Reifezeit auf, darin liegen die braunen Nüsse, Maronen (Mitte). Der Stamm eines noch jungen Baums. Später wird er sehr dick (unten).

Nicht nur den Wein und einige veredelte Obstsorten, wie die Kirsche, brachten die Römer mit über die Alpen, sondern auch die Edelkastanie. Sie pflanzten sie in ihre Weingärten, wo man die langen Schößlinge des Baums als Rebenstützen verwenden konnte. Mit den Früchten, den Maronen, hatten sie weniger Glück, denn diese blieben – und bleiben auch heute noch – relativ klein in unseren Breiten. Zum Teil entwickeln sich überhaupt keine. Die Heimat der Edelkastanie ist Kleinasien, Nordafrika und das Mittelmeergebiet. Von dort hat sie auch ihren Namen mitgebracht, der angeblich von der Stadt *Kastanis* in Thessalien abgeleitet ist. Der prächtige Baum mit dem außergewöhnlich dicken Stamm kann über 600 Jahre alt werden. Sein hartes und dauerhaftes Holz ist bei Möbeltischlern wegen der schönen Maserung sehr begehrt. Der wissenschaftliche Artname *sativa* = »angebaut« weist darauf hin, daß die Edelkastanie im allgemeinen nicht wild wächst, sondern – ähnlich wie ein Obstbaum – angepflanzt wird. In den Mittelmeerländern ist der Anbau ein bedeutender Erwerbszweig – die schmackhaften Maronen sind dort sowohl Nahrungsmittel als auch Exportartikel.

Wissenschaftlicher Name: *Castanea sativa*
Familie: Buchengewächse
Gestalt: Bis zu 30 m hoch; breitkronig; Stamm im Alter sehr dick, oft gedreht, bis weit hinunter mit weit ausladenden Ästen.
Rinde: Anfangs glatt, olivbraun, später graubraun und längsrissig.
Triebe: Filzig, später glatt, zahlreiche Stockausschläge.
Blätter: Bis zu 25 cm lang, länglich-spitz, mit sägeblattähnlichen, scharfen Zähnen, oberseits glänzend grün, unterseits mattgrün mit deutlichen Nerven.
Blüten (V, VII, nach dem Laubaustrieb): Männliche und weibliche Kätzchen am selben Baum.
Früchte: Weichstachelige, gelbbräunliche Fruchtbecher, die in 4 Klappen aufspringen, darin 2–3 braunglänzende Nüsse.

Stieleiche, Sommereiche

Die stiellosen Blätter haben kleine »Öhrchen« am Stielansatz (oben). Die Eicheln sitzen an langen Stielen, daher der Name »Stieleiche« (Mitte). Stamm und Äste sind meist verkrümmt (unten).

Die Blätter dieses vielbesungenen, von Mythos umgebenen Baums zieren das Haupt von Helden. In heroischem Zusammenhang spricht man von »1000jährigen Eichen«, und in der Tat kann die Stieleiche ein solches Alter erreichen. Ihr vorzügliches Holz ist hochgeschätzt. Sie ist in Europa, ohne Spanien und Nordskandinavien, ferner in Kleinasien beheimatet. An den Boden stellt sie hohe Ansprüche: Er soll tiefgründig sein und nicht trocken. Ebenen und Flußniederungen werden bevorzugt. Im feuchtwarmen Klima der nacheiszeitlichen Atlantikum-Periode war die Eiche noch stärker vertreten als heute. Ihre Reduzierung hat aber nicht nur klimatische Gründe: Ganze Wälder wurden in der Vergangenheit abgeholzt, um den Rohstoff für Haus- und Schiffsbau zu gewinnen (ein großes Segelschiff = 2000 Eichenbäume!). Heute verwendet man das Holz der Stieleiche zum Möbelbau, für Parkettböden und als Material für Holzfässer. Es ist sehr hart, fest und wegen seines Gehalts an Gerbsäure widerstandsfähig gegen Fäulnis. Die gleiche Gerbsäure befindet sich auch in der Rinde, die seit jeher in Gerbereien, aber auch als Droge in der Pflanzenheilkunde verwendet wird.

Wissenschaftlicher Name: *Quercus robur*
Familie: Buchengewächse
Gestalt: Höhe 20–30 m; Krone unregelmäßig, im Freiland weit ausladend, locker und lichtdurchlässig; Stamm im Alter sehr dick und bald über dem Boden verzweigt; die Äste sind stark und gekrümmt.
Rinde: Anfangs glatt, später mit längsrissiger Borke, dunkelgrau.
Triebe: Kahl; im Juni häufig ein zweiter Austrieb (Johannistrieb).
Blätter: Erscheinen erst Mitte Mai, gelappt gebuchtet, Stiel sehr kurz oder nicht vorhanden, am Stielansatz bildet das Blatt zwei ohrläppchenartige Ausbuchtungen (Öhrchen).
Blüten (V, mit dem Laubaustrieb): Einhäusig; die männlichen Kätzchen sind hängend, lockerblütig, die weiblichen aufrecht an langen Stielen.
Früchte: Nüsse (Eicheln), die am Grund von einem flachen Becher umgeben sind und zu mehreren auf einem langen Stiel sitzen (Name!).

Traubeneiche, Wintereiche

Die Blätter sitzen an kleinen Stielen und haben keine »Öhrchen« (oben). Die Früchte (Eicheln) sitzen stiellos und dicht gedrängt (Mitte). Der Stamm der Traubeneiche geht meist bis zur Spitze hinauf (unten).

Wenn man von *der* Eiche spricht, macht man im allgemeinen keinen Unterschied zwischen der Trauben- und der Stieleiche, aber es ist nicht schwierig, diese beiden Bäume zu unterscheiden. Vor allem an den Blättern und den Eicheln kann man sie erkennen. Die Traubeneiche hat etwa das gleiche Verbreitungsgebiet wie die Stieleiche, ist aber weniger anspruchsvoll und findet sich auch auf steinigen Böden im Hügelland und im Vorgebirge. (»Spessart-Eichen« sind Traubeneichen.) Der Name »Eiche« ist alten Ursprungs und in ähnlicher Form in verwandten Sprachen anzutreffen. Der Name »Winter«eiche beschreibt die Tatsache, daß das Laub in vertrocknetem Zustand den Winter über am Baum bleibt, vor allem bei jüngeren Bäumen. Die Stiel- oder Sommereiche stößt ihre Blätter bei Winterbeginn ab. Vielen Völkern war der langlebige Eichenbaum heilig: den Griechen, Etruskern, Römern, Germanen, Kelten und Slawen. Dodona, der Sitz des alten griechischen Orakels, war von rauschenden Eichen umstanden, und die heiligen Eichen der Germanen erlangten Berühmtheit, als sie von den christlichen Missionaren gefällt wurden. Beide Eichenarten sind bedeutende Forstbäume.

Wissenschaftlicher Name: *Quercus petraea*
Familie: Buchengewächse
Gestalt: Meist regelmäßiger und höher als bei der Stieleiche (40 m); Stamm nicht so dick und meist bis zur Spitze durchgehend; die Äste sind gleichmäßig verteilt und nicht so verkrümmt.
Rinde: Wie bei der Stieleiche.
Triebe: Wie bei der Stieleiche.
Blätter: Im Gegensatz zur Stieleiche ohne ausgebuchtete »Öhrchen«; keilförmig in den Stiel übergehend, der deutlich vorhanden ist.
Blüten (V, mit dem Laubaustrieb): Wie bei der Stieleiche, jedoch sind die weiblichen Blüten ungestielt.
Früchte: Zu 1–6 traubenförmig gedrängt (daher der Name) in kurz- bis ungestielten Ständen. Eichel zunächst grün, reif braun.

Roteiche

Die Blätter sind unregelmäßig grannenspitzig, gezähnt gelappt und verfärben sich im Herbst in ein leuchtendes Orange bis Scharlachrot (oben). Die charakteristische Frucht der Roteiche. Sie ist kurz und dick und sitzt in einem schuppigen Becher (Mitte). Die Rinde ist anfangs glatt und silbergrau (unten).

Die Roteiche stammt aus dem östlichen Nordamerika und ist bei uns seit rund 200 Jahren eingebürgert. Sie liebt feucht-mildes Klima. Der Baum ist nicht so anspruchsvoll wie unsere heimischen Eichen, begnügt sich mit relativ schlechten Böden und wird daher oft auf Kies- und Sandböden angepflanzt. Außerdem gilt er als windfest und eignet sich daher als Windschutz-Baum. Die Roteiche ist aber vor allem auch ein Zierbaum, dessen leuchtendrotes Herbstlaub der Schmuck von Alleen, Parks oder Gärten ist. Vor allem die jüngeren Bäume zeigen diese charakteristische Herbstfärbung. Von den roten Blättern stammt auch der Name, die wissenschaftliche Artbezeichnung *rubra* bedeutet gleichfalls »rot«, »die Rote«. Der Baum wächst ziemlich rasch und erreicht ein Alter von 180 Jahren. Verglichen mit unseren heimischen Eichen ist das recht wenig. Auch das Holz kann in seiner Qualität nicht konkurrieren: Es ist verhältnismäßig porös. Wie bei allen Eichen enthält es Gerbsäure.

Wissenschaftlicher Name: *Quercus rubra*
Familie: Buchengewächse
Gestalt: Bis zu 30 m im Freistand; in der Jugend ist die Krone kegelförmig, im Alter rundlich und licht; dicker Stamm, nach etwa 6–8 m

in gerade und ausgebreitete Äste übergehend.
Rinde: Jung glatt und silbergrau, dann mit Furchen und Rissen versehen.
Triebe: Jung rot.
Blätter: Bis zu 20 cm lang, die Oberseite mattgrün, die Unterseite blaugrün, der Rand ist spitz gelappt mit lang ausgezogenen, sehr feinen Spitzen; die Blätter sind gestielt (2–5 cm lang).
Blüten (V): Roteichen sind wie alle Eichen einhäusig; die Blüten sind kätzchenförmig, klein und unscheinbar.
Früchte: Kurz gestielte Eicheln in einem flachen, mit Schuppen versehenen Becher sitzend; sie sind dicker als die Früchte der einheimischen Eichen und am Grund abgeflacht; im 1. Jahr bleiben sie noch klein und werden erst im 2. Jahr dick und reif.

Bergulme

Die rauhen, am Stielansatz asymmetrischen Blätter haben zuweilen auch drei Spitzen (oben). Die Blüten stehen in kurzgestielten, dichtgedrängten Büscheln (Mitte). Der Stamm mit der graubraunen Rinde ist stark verästelt (unten).

Unter den heimischen Ulmenarten ist die Bergulme wohl die häufigste und vor allem auch diejenige, die am leichtesten zu erkennen ist (große, rauhe Blätter). Man findet sie in Nord- und Mitteleuropa bis hin nach Westasien, sie liebt – ähnlich den anderen Ulmenarten – feuchte Standorte, zumindest aber Luftfeuchtigkeit. In den Alpen wächst sie noch in 1300 Metern Höhe. Der hohe, stattliche Baum wird oft an Straßenrändern und in Parks gepflanzt. Neben dem artreinen Typ gibt es einige Gartenformen, zum Beispiel mit gelben Blättern oder hängenden Zweigen. Das berüchtigte »Ulmensterben« hat seine Ursache in einem Pilz, der durch den Ulmensplintkäfer übertragen wird. Das Holz der Bergulme ist wertvoll. Es wird vor allem in der Möbelindustrie verwendet. Der Name »Ulme« kommt in verwandter Form in vielen europäischen Sprachen vor. Er ist demnach alt und ein Beweis dafür, daß der Baum hier immer heimisch war.

Wissenschaftlicher Name:
Ulmus glabra
Familie: Ulmengewächse
Gestalt: Bis zu 40 m hoch; Krone oft mehrfach gewölbt; Äste des Stamms stehen bogig ab und sind stark verzweigt.

Rinde: Erst glatt, silbergrau, später graubraun, rissig, mit hervortretenden Leisten.
Triebe: Dunkel rotbraun, anfangs behaart, dann kahl; an den Ästen oft Wassertriebe.
Blätter: Ziemlich groß (bis 18 cm), eiförmig-asymmetrisch, lang zugespitzt, zuweilen 3lappig zugespitzt, am Rand doppelt gesägt; oberseits dunkelgrün und auffallend rauh, unterseits heller; die Nervenrippen sind oft gegabelt.
Blüten (III, IV, vor dem Laubaustrieb): Zwittrig (männliche und weibliche Komponenten in *einer* Blüte); dichtgebüschelte Blütenstände an kurzen Stielen, rötlichgrün.
Früchte: Breitgeflügelte Nüßchen an einem kurzen Stiel, im Juni bereits reif; der Same sitzt in der Mitte der Flügelscheibe.

Feldulme

Die Spitzen der glänzenden Blätter sind kürzer als die der Bergulme und glatt, anstatt rauh (oben). Die gebüschelt wachsenden Blüten sind auch kurzgestielt wie die der Bergulme, nur hat die Flatterulme langgestielte Blüten (Mitte). Die Feldulme wächst schmal und hoch (unten).

Die Feldulme ist in ganz Europa, in Südwestasien und Nordafrika heimisch. Angepflanzt findet man sie an Straßenrändern und in Parks. Der Baum kann einige hundert Jahre alt werden und ist begehrt wegen seines wertvollen Holzes. Dieses »Rüster«-Holz ist hart, dauerhaft und hat eine rötliche Färbung. Die wissenschaftliche Bezeichnung *carpinifolia* = »hainbuchenblättrige« beschreibt die Ähnlichkeit von Blattgröße und -form der beiden Bäume, was jedoch nur zum Teil zutrifft, denn die Feldulme hat das typische »schiefe« Ulmenblatt.

Wissenschaftlicher Name: *Ulmus carpinifolia*
Familie: Ulmengewächse
Gestalt: Bis zu 30 m hoch; schmal; Stamm oft durchgehend bis in die Krone, Äste waagerecht abstehend; stellenweise strauchförmig.
Rinde: Erst glatt, dann mit tiefen senkrechten Rissen.
Triebe: Hellbraun, kahl.
Blätter: Klein (6–8 cm), schief-eiförmig, spitz mit gesägtem Rand, oberseits glänzend-glatt, unterseits unbehaart; die Seitennerven oft verzweigt.
Blüten (III, IV, vor dem Laubaustrieb): Ähnlich wie Bergulme, auch kurzgestielt.
Früchte: Breitgeflügelte Nüßchen, fast stiellos, der Same

sitzt mehr am Rand der Flügelscheibe.
Ähnliche Art: Flatterulme *(Ulmus laevis)*. Das Verbreitungsgebiet ähnlich dem der vorher beschriebenen Ulmenarten. Liebt feuchte bis nasse Böden, ist anspruchsloser und gedeiht auch auf lehmigen Sandböden. Sie ist bei uns seltener als die Berg- oder die Feldulme. Das poröse Holz ist nicht besonders wertvoll. Ihren Namen hat die Flatterulme von den im Winde flatternden Blüten und Früchten.

Gestalt: Bis 30 m hoch; breit und unregelmäßig.
Rinde: Mit dünnen, gekrümmten Schuppen.
Blätter: 10–11 cm lang, eiförmig-schief, unterseits grau und weich behaart, die Seitennerven sind selten gegabelt.
Blüten (III, IV, vor dem Laubaustrieb): Langgestielt und daher flatternd.
Früchte: Gleichfalls langgestielt, hängend.

Ahornblättrige Platane

Die Blätter ähneln denen des Spitzahorns, daher der Name (oben). Die kugeligen Fruchtstände wachsen an langen Stielen und bestehen ihrerseits aus zahlreichen kleinen Früchten (Mitte). Die immer wieder abblätternde Rinde ist charakteristisch für die Platane (unten).

Ein mächtiger Baum mit breiter, schattenspendender Krone. Die immer wieder abblätternde, gescheckt aussehende Rinde ist ein typisches Erkennungsmerkmal. Die Herkunft ist ungewiß, vermutlich ist diese Platane eine Kreuzung, die in der Mitte des 17. Jahrhunderts in Frankreich oder England zustande kam (zwischen der Amerikanischen und Morgenländischen Platane). Seitdem ist dieser beliebte Baum durch Stecklinge in ganz Europa verbreitet worden – außer im Norden und im sehr trockenen Süden. Die Platane liebt tonig-lehmigen Boden, Feuchtigkeit, Licht und Wärme, darüber hinaus ist sie sehr robust gegenüber Schädlingen und der Stadtluft. Sie gilt als außerordentlich sturmfest und erreicht wahrscheinlich ein hohes Alter – jedenfalls sind die ältesten Exemplare inzwischen 300 Jahre alt und erfreuen sich noch kerniger Gesundheit. Man trifft die Platane überall: als Alleebaum, in Parks oder am Rand von Plätzen, vor allem aber in den wärmeren Gegenden Europas. Der Name kommt aus dem Griechischen (*platos* = breit) und beschreibt die imposante Wuchsform des Baums. Die Artbezeichnung *acerifolia* bedeutet »ahornblättrig« und weist auf die Ähnlichkeit mit den Blättern einiger Ahornarten hin.

Wissenschaftlicher Name: *Platanus* x *acerifolia*
Familie: Platanengewächse
Gestalt: Bis zu 40 m hoch mit sehr breiter, dichter Krone; Stamm oft bis zur Spitze durchgehend, schon in geringer Höhe verzweigt; starke Äste, zuweilen mit Knoten und Anschwellungen versehen.
Rinde: Erst gelbgrün, dann bräunlichgrün, immer wieder abblätternd und die hellere Rindenschicht freigebend.
Blätter: Groß (25 cm) mit 3–5 spitz zulaufenden Lappen, die grobgezähnt sind; vom Blattstiel gehen 3 Hauptblattnerven aus.
Blüten (V, mit dem Laubaustrieb): Männliche und weibliche Blüten in getrennten Blütenständen am selben Baum (einhäusig); sie sind jeweils kugelig und hängen meist zu zweit an langen Stielen.
Früchte: Kugelige Fruchtstände, von denen meist 2 (selten 3) an langen Stielen hängen; die einzelnen Früchte sind schmal-kegelförmig und mit abstehenden Haaren besetzt.

Schwedische Mehlbeere, Oxelbirne

Die weißen Blütenrispen werden aus fünfblättrigen Blüten gebildet (oben). Unterseits sind die Blätter graufilzig. Die roten Beeren kann man sogar essen (Mitte). Der Stamm ist gerade und teilt sich am Rand der Belaubung mit vielen Ästen (unten).

Die Schwedische Mehlbeere hat ihr natürliches Verbreitungsgebiet in Südschweden und Südfinnland, im Baltikum, in Polen und in Nordostdeutschland. In den übrigen Gebieten ist sie eingeführt worden und erfreut sich dort wachsender Beliebtheit als Zierbaum in Gärten und Parks. Auch als Straßenbaum findet man sie nicht selten. Sie ist sehr windfest. Aus dem zähen, weißlichen Holz fertigt man Zollstöcke, und für Kegel und Kegelkugeln soll es kein besseres Holz geben.

Wissenschaftlicher Name: *Sorbus intermedia*
Familie: Rosengewächse
Gestalt: Bis zu 15 m hoch mit dichter, eiförmiger Krone.
Rinde: Grau und glatt mit wenigen Rissen.
Triebe: Braun, wollig behaart, später kahl.
Blätter: Bis 10 cm lang, eiförmig, unterhalb der Mitte gelappt, zur Spitze hin gesägt, oberseits dunkelgrün, glänzend, unterseits graufilzig; Herbstfarbe rot.
Blüten (V, VI): Bis 2 cm breit, mit 5 weißen Blütenblättern in rispenartigen Blütenständen.
Früchte: Orangerote beerenartige Steinfrüchte, etwa 1 cm dick, länglich-rund mit 2 Samen; die Frucht ist eßbar und hat einen mehlig-süßlichen Geschmack.
Ähnliche Art: Elsbeere *(Sorbus torminalis)*. Ihre Heimat

reicht vom Mittelmeerraum mit Kleinasien bis nach Norddeutschland. Sie wächst auf anspruchsvollen, kalkhaltigen Böden und wird auch als Zierbaum angepflanzt. Der Name »Els«beere hat den gleichen germanischen Wortstamm wie »Erle«. Im Altertum und Mittelalter wurden die Beeren gegen Kolik und Durchfall verwendet (*tormina* = Leibschmerzen, Ruhr). Das Holz ist hart und wertvoll.
Gestalt: Bis 20 m hoch mit eiförmiger Krone; gerader Stamm.
Rinde: Hellgrau, schuppig.
Triebe: Braun, glänzend.
Blätter: Bis 10 cm lang, derb, beiderseits glänzend, mit 5–7 spitzen, gesägten Lappen, deren Basis-Lappen fast rechtwinklig abstehen.
Blüten (V, VI, nach dem Laubaustrieb): Mit 5 weißen Blütenblättern, zu vielen in gewölbten Blütenständen.
Früchte: Etwa 1,5 cm lange braune, beerenartige Steinfrüchte mit hellen Flecken.

Vogelkirsche

Die zugespitzten Blätter sind oft etwas eingerollt, die Seitennerven verlaufen gekrümmt (oben). Die Früchte der Vogelkirsche schmecken etwas bitter, sie werden oft noch dunkler (Mitte). Die Rinde ist hell und glänzend. Typisch sind – wie bei allen Kirschenarten – die horizontalen Korkstreifen (unten).

Aus der Vogelkirsche wurden einst alle Süßkirschensorten gezüchtet, zum Beispiel die Herz- oder die Knorpelkirschen. Schon zur Römerzeit gab es die großen, süßen Früchte, und es soll Lukull gewesen sein, der sich um ihre Züchtung und Verbreitung verdient gemacht hat. Die Heimat der Vogelkirsche ist Mittel- und Südeuropa bis Kleinasien und Nordafrika. Sie wächst dort gern an lichten Standorten; an sonnigen Hängen und Waldrändern, in Hecken und Lichtungen bis hinauf auf 1300 Meter Höhe. Die kleinen, bittersüßen Früchte dienen nicht nur den Vögeln als Leckerbissen – im Schwarzwald, wo man die Vogelkirsche »Chriese« nennt, werden sie zum Kirschwasser-Brennen verwendet. Wegen des reichen Blütenschmucks wird der Baum oft als Ziergehölz angepflanzt und kann unter günstigen Umständen bis zu 100 Jahre alt werden. Kirschbaumholz ist sehr wertvoll, es ist zäh und von rötlichbrauner Farbe.

Wissenschaftlicher Name:
Prunus avium
Familie: Rosengewächse
Gestalt: Bis zu 5 m hoch mit regelmäßiger Krone; langer und gerader Stamm, die Äste sind aufstrebend.
Rinde: Graubraun, glänzend mit erhabenen, horizontalen Korkstreifen, die dem Stamm

ein »geringeltes« Aussehen verleihen.
Triebe: Kahl, zahlreiche Stockausschläge.
Blätter: Bis 10 cm lang, eiförmig und zugespitzt, dünn, am Rand unregelmäßig gesägt, oberseits matt; die Seitennerven erreichen nicht den Blattrand, sondern sind zum Nachbarnerv hin gekrümmt, sie sind behaart; am Blattstiel sitzen in der Nähe des Blattansatzes 2 unregelmäßig verteilte rote Drüsenhöcker.
Blüten (IV, V, vor dem Laubaustrieb): Weiß, mit 5 Blütenblättern in doldigen Blütenständen; entspringen langgestielt aus trockenhäutigen Schuppen.
Früchte: Erbsengroße Steinfrüchte, rot bis schwarz, fleischig mit glattem Kern, langgestielt, bittersüß schmekkend, Juni–Juli.
Hinweis: Kleinfrüchtige Kirschbäume können auch verwilderte Sorten sein!

Winterlinde

Die Blüten der Linden duften stark und werden von vielen Insekten angeflogen (oben). Aus den Blüten sind Früchte geworden, die zu mehreren an einem Flugblatt hängen. Die Blätter der Winterlinde sind in den Nervenachseln bräunlich behaart (Mitte). Der Stamm hat wulstige Auswüchse und ist im unteren Teil sehr dick (unten).

Die Winterlinde blüht von all unseren Laubbäumen am spätesten im Jahr, meist erst im Juli. Bei ihr dauert der »Winter«-Zustand länger als bei der früher blühenden Sommerlinde. Darauf beziehen sich die Namen, die zwar nicht unbedingt logisch sind, sich aber seit langem eingebürgert haben. Während der Blütezeit wird viel Nektar abgesondert, zahlreiche Insekten, nicht zuletzt die Bienen, finden dort Nahrung und besorgen gleichzeitig die Bestäubung. Die Linden sind daher für die Imker eine wichtige Bienenweide. Von den beiden Lindenarten ist die Winterlinde die etwas kleinere. Auch die Blätter sind kleiner, und das Lebensalter reicht nicht ganz an das der Sommerlinde heran. Die Winterlinde wächst von Osteuropa bis nach Spanien, England und Südskandinavien. Sie ist mehr ein Baum des Flachlands und von bescheidenen Ansprüchen, was Wärme und Licht betrifft. Die meisten Winterlinden sind in Parks und Alleen angepflanzt. Aber in der Nähe städtischer Abgase scheinen Winter- wie auch Sommerlinden auf die Dauer nicht existenzfähig zu sein. Das Holz der Winterlinde ist gelbweiß bis rötlich und liefert hervorragendes Schnitzholz und die beste Zeichenkohle.

Wissenschaftlicher Name: *Tilia cordata*
Familie: Lindengewächse
Gestalt: Bis 30 m Höhe mit tief ansetzender, umfangreicher, gewölbter Krone; Stamm im Freistand kurz und dick, oft mit knolligen Auswüchsen.
Rinde: Lange Zeit glatt, später längsrissig mit einem flachen Netz senkrechter Längsfurchen.
Triebe: Kahl, oberseits rötlich, unterseits olivgrün.
Blätter: Bis 7 cm lang, herzförmig oder rundlich, zugespitzt, am Rand feingesägt; unterseits blaugrün und in den Nervenachseln mit bräunlichen Haarpolstern.
Blüten (VI, VII, nach dem Laubaustrieb): Zu 5–9 in aufrechten Trugdolden, mit häutigem Flugblatt, gelblich, duftend.
Früchte: Nüßchen, etwa 6 mm dick, kugelig, nur undeutlich gerippt, zerdrückbar, zu mehreren an dem Flugblatt hängend.

Walnußbaum

Vorderer Teil des gefiederten Blattes, das aus 5–9 Einzelblättchen besteht (oben). In der Fruchtschale sitzt die Walnuß mit ihrer harten Hülle (Mitte). In den senkrechten Rissen der Rinde ist der Untergrund typischerweise heller (unten).

In den Obstgärten, an Wegrändern oder zwischen den Feldern findet man diesen Baum mit der kugelförmigen Krone und dem dicken Stamm. Eigentlich aus dem Vorderen Orient stammend, hat sich der Walnußbaum schon früh nach Süd-, West- und Mitteleuropa verbreitet – ursprünglich in einer Form mit kleineren Nüssen. Wahrscheinlich brachten die Römer den heute bekannten großfrüchtigen Baum zu uns. Daher auch der alte Name Welsch-Nuß, der zu Wal-Nuß wurde (*welsch* oder *walch* = soviel wie italienisch oder französisch). Das hohe Ansehen, das der Baum bei den Römern genoß, zeigt sein lateinischer Name: *Juglans* ist *Jovis glans* = »Jupiters Eichel«, wobei Eichel die eßbare Nuß bezeichnet. Auch bei den Griechen war der Baum dem Göttervater heilig. In ehemals römischen Gebieten wie in Südbayern ist solche Überlieferung, wenn auch unbewußt, noch lebendig – dort pflanzt man den Walnußbaum neben das Haus, weil er die Blitze, die ja bekanntlich von Jupiter geschleudert werden, abweisen soll. Dieser nützliche Baum liefert außer den begehrten Walnüssen auch das sehr wertvolle, harte und schön gemaserte Holz, das zu Furnieren verarbeitet wird, ferner Gerb- und Farbstoffe.

Wissenschaftlicher Name: *Juglans regia*
Familie: Walnußgewächse
Gestalt: Bis zu 30 m hoch, meistens aber nur 10–12 m; Krone kugelig; kräftiger Stamm, schon bald verzweigt in dicke, weit ausholende, gekrümmte Äste.
Rinde: Anfangs silbergrau, im Alter dunkel und rissig.
Triebe: Kahl, in der Jugend grün.
Blätter: Zusammengesetzt aus 5–9 Fiederblättern (unpaarig gefiedert), meist ganzrandig, länglich-eiförmig, zugespitzt; sie sind ledrig und riechen aromatisch, wenn man sie zerreibt.
Blüten (V, kurz vor oder mit dem Laubaustrieb): Einhäusig (getrennte Blüten auf einem Baum); männliche Blüten sind kätzchenförmig, weibliche klein und unscheinbar.
Früchte: »Steinfrüchte« mit grüner, später brauner Schale, darunter ein harter Steinkern, den tiefgelappten, eßbaren Samen umschließend.

Eberesche, Vogelbeere

Die Eberesche beschert doppelte Pracht: einmal im Frühsommer bei der Blüte und dann im Frühherbst, wenn die roten Beeren leuchten (oben). Die Beeren sind bei den Vögeln sehr beliebt (Mitte). Junge Bäume haben eine glatte und glänzende Rinde (unten).

Überall in Europa bis hinauf nach Nordskandinavien findet man diesen anspruchslosen Baum, der sowohl auf Moorböden als auch auf trockenen Steinhängen gedeihen kann. In den Alpen wächst er noch in 2000 Meter Höhe. Er steht meist vereinzelt in lichten Wäldern, an Waldrändern, zwischen Felsen, und kann 100 Jahre alt werden. Wegen seiner schon im August erscheinenden leuchtendroten Beeren wird er gern als Zierbaum in Gärten, Parks oder an Straßenrändern angepflanzt. Sein Name weist auf die Ähnlichkeit der Blätter mit denen der Esche hin, *Eber* rührt von einem indogermanischen Wort her, das soviel wie »dunkelrot« bedeutet und die Beerenfarbe meint. Die Artbezeichnung *aucuparia* entspricht dem lateinischen Begriff für »Vogelfang«.
Die von den Vögeln sehr geschätzten Beeren dienten nämlich den Vogelfängern als Lockspeise, vor allem Drosseln wurden auf diese Weise gefangen.

Wissenschaftlicher Name:
Sorbus aucuparia
Familie: Rosengewächse
Gestalt: Bis zu 15 m hoch, anfangs raschwüchsig; mit rundlicher, lockerer Krone; zuweilen auch großer Strauch; schlanker Stamm, Äste ansteigend.

Rinde: Glatt, glänzend, hellgrau, später dunkel und längsrissig.
Triebe: Hellgrau, weich behaart, später kahl.
Blätter: Unpaarig gefiedert mit 9–15 Blättchen; diese sind stiellos, länglich-spitz, an der Basis »schief«, gezähnt, oberseits glänzend, im Herbst gelb (in Nordeuropa rot).
Blüten (V, VI): Mit 5 gelblich-weißen Blütenblättern, in dichten Blütenständen, unangenehm riechend.
Früchte: Rote, runde, erbsengroße, beerenartige Steinfrüchte in üppigen Doldenrispen.
Ähnliche Art: Speierling *(Sorbus domestica)*, kommt in Südeuropa und Süddeutschland sowohl wild als auch angepflanzt vor. Unterscheidung: Einzelblätter sind nicht schief, die Frucht ist birnenförmig, gelbbraun und 3 cm lang. Sie wird mit zu Most verarbeitet.

Robinie, Scheinakazie

Die Blätter der Robinie sind gefiedert, ein Blatt besteht aus mindestens neun Fiederblättchen (oben). Die weißen Blütentrauben verleihen der Robinie im Spätfrühling ein prächtiges Kleid (Mitte). Der Stamm mit seinen dicken und borkigen Leisten ist gut zu erkennen (unten).

Die aufgelockerte Krone dieses Baums, die aufstrebenden Hauptäste und die vielfach verdrehten und verkrümmten Seitenzweige ergeben das typische Gesamtbild der Robinie. Obgleich inzwischen eingebürgert und überall wild wachsend, ist es doch kein einheimischer Baum. Er wurde 1601 von Jean Robin erstmals in Europa gepflanzt. Die Samen kamen aus dem Osten von Nordamerika, der Pflanzort war der königliche Gewürzgarten in Paris. Viele Bäume auf unserem Kontinent stammen von diesem königlichen Erstling ab, so auch der erste Baum in Deutschland, der 1720 in Britz bei Berlin gepflanzt wurde. Die Robinie stellt nur geringe Ansprüche an den Boden und eignet sich gut zum Aufforsten von Ödflächen. Mit ihrem kräftigen Wurzelwerk lassen sich zudem Sandflächen oder Bahndämme befestigen. Sonst aber findet man sie vor allem als Zierbaum in Gärten und Parkanlagen. Unter günstigen Bedingungen kann sie 200 Jahre alt werden. Das Holz ist haltbar und widerstandsfähig. Man verwendet es zuweilen beim Bootsbau und fertigt Pfähle daraus. Der Name »Scheinakazie« = *pseudoacacia* weist hin auf gewisse Ähnlichkeiten mit den »echten« Akazien. Die meisten Teile der Robinie sind übrigens giftig.

Wissenschaftlicher Name: *Robinia pseudoacacia*
Familie: Schmetterlingsblütengewächse
Gestalt: Bis 25 m hoch; Krone licht, unregelmäßig; Stamm oft mehrstämmig, Äste gedreht und »krumm«.
Rinde: Braunrot, mit einem Netzwerk dicker, borkiger Leisten.
Triebe: Junge Äste und Zweige mit paarweise stehenden Dornen.
Blätter: Fiederblätter aus 9–19 Blättchen, die eiförmig-abgerundet sind; Gesamtblatt bis 30 cm lang; Herbstfärbung gelb.
Blüten (V, VI): Schmetterlingsblüten, weiß oder rosa, zu vielen an 20 cm langen, hängenden Trauben, sie duften, sind sehr honigreich und werden von Bienen stark beflogen.
Früchte: Flache Hülsen, rotbraun mit 6–8 braunschwarzen, harten Samen.

Gemeine Roßkastanie

Wie Kerzen stehen die Blütenrispen auf den Zweigen der Roßkastanie (oben). Zur Reifezeit springen die stacheligen, kugeligen, grünen Kapseln auf und lassen die glänzenden, rotbraunen Kastanien zu Boden fallen (Mitte). Der Stamm der Roßkastanie ist anfangs glatt, später schuppig und die Rinde in kleine Platten zerrissen (unten).

Dieser große, prächtig blühende Baum, der unsere Straßen und Parks ziert, ohne dessen schattenspendende Laubkrone ein süddeutscher Wirtsgarten nicht denkbar wäre, war vor 400 Jahren in Europa weitgehend unbekannt. Damals wuchs er wild in Nordgriechenland, Albanien und Bulgarien und wurde 1576 aus Konstantinopel nach Wien gebracht. Seitdem ist er in Europa, außer im Norden, heimisch geworden; schon viele Generationen von Kindern haben im Herbst die begehrten braunglänzenden Kastanien gesammelt, deren stärkehaltiger Inhalt – wenngleich ungenießbar – nach entsprechender Behandlung in Notzeiten dennoch gegessen wurde. Rot- und Damwild mag die Kastanien, so wie sie sind, und von den Türken wurden sie angeblich an ihre Rösser verfüttert. Vielleicht stammt daher der Name »Roß«-kastanie, oder aber er will besagen, daß es sich um eine »falsche« Kastanie handelt, deren Früchte nur so aussehen wie die eßbaren. Roßkastanien können 200 Jahre alt werden, das Holz ist nicht wertvoll, es wird als Brennmaterial verwendet.

Wissenschaftlicher Name: *Aesculus hippocastanum*
Familie: Roßkastaniengewächse
Gestalt: Bis 30 m hoch mit großer, gewölbter, sehr dichter Krone; Stamm oft nur kurz, drehwüchsig; bei älteren Bäumen sind die Äste überhängend und am Ende wieder nach oben gekrümmt.
Rinde: In Streifen und Platten zerrissen und abblätternd.
Triebe: Ziemlich dick, anfangs braunfilzig.
Blätter: Aus 5–7 Teilblättern gefingert zusammengesetzt, mit gemeinsamem, langem Stiel; Einzelblätter keilförmig, grobgezähnt.
Blüten (V,VI, nach dem Laubaustrieb): Weiß mit gelben und roten Flecken, zu vielen in aufrechten, 30 cm hohen Rispen.
Früchte: Kugelige, stachelige Kapseln, die 1–2 glänzende Samen (Kastanien) enthalten.
Hinweis: Die Rotblühende Roßkastanie *(Aesculus* x *carnea)* ist ein Bastard. Der Baum ist kleiner, kurzlebiger, hat dunklere Blätter, rote Blüten und stachellose Früchte.

Gewöhnliche Esche

Die Blätter sind gegenständig, unpaarig gefiedert und bestehen aus 9–15 Fiederblättchen. Sie verwelken nicht, sondern fallen grün vom Baum (oben). Die Früchte bestehen aus einem flachen Nüßchen, das in einem länglichen Flügel sitzt (Mitte). Der kräftige Stamm ist anfangs glatt, hat später tiefe, schmale Längsfurchen (unten).

Die Esche ist einer unserer stattlichsten Bäume, von alters her hier heimisch und mit dem Volksglauben eng verwurzelt. In der altnordischen Mythologie gab es die Weltesche *Yggdrasil,* an deren Wurzel der Drache *Nidhöggr* nagt. In vielen Gegenden findet man (noch) auffallend viele Eschen in den Dörfern, da früher die Eschenblätter ein wichtiges Winterfutter für das Vieh – vor allem die Schafe – darstellten. Der Baum ist in ganz Europa bis hin zum Kaukasusgebiet verbreitet, ausgenommen sind der hohe Norden und die Mittelmeerländer. Die Esche wächst gern in Niederungen, Flußtälern und Auwäldern, in den Alpentälern trifft man sie noch in einer Höhe von 1600 Metern. Bemerkenswert ist der späte Blattaustrieb. Er wird – im Vergleich mit dem Erscheinen der Eichenblätter – in der Bauernregel als langfristige Wettervorhersage gedeutet. (»Grünt die Eiche vor der Esche, hält der Sommer große Wäsche.«) Im Freistand können Eschen bis zu 250 Jahre alt werden. Das Holz ist sehr hart und elastisch; Turngeräte, Ruder, Werkzeugstiele, Leitern, Skier und vieles mehr wird aus dem wertvollen Material gefertigt.

Wissenschaftlicher Name: *Fraxinus excelsior*
Familie: Ölbaumgewächse
Gestalt: Bis zu 40 m hoch; breit ausladende oder hoch aufragende Krone, locker und lichtdurchlässig; aufrechter, zylindrischer Stamm mit hoch aufgerichteten Ästen.
Rinde: Erst glatt und graugrün, später mit tiefen schmalen Längsfurchen.
Triebe: Ziemlich dick, kahl, olivgrau.
Blätter: 30 cm lang, unpaarig gefiedert mit 9–15 stiellosen Blättchen; diese sind zugespitzt und am Rand gesägt; erscheinen im Juni.
Blüten (IV, V, vor dem Laubaustrieb): Zwittrig oder nur männlich bzw. weiblich; es gibt ein- und zweihäusige Bäume: beide Geschlechter auf *einem* Baum oder auf *zwei* verschiedenen Bäumen; die Blüten sind unscheinbar und zu vielen in stehenden Büscheln angeordnet.
Früchte: Flache Nüßchen, die in einen zungenförmigen bräunlichen Flügel verlängert sind, in herabhängenden Büscheln.

Blattformen im Vergleich

1. Ahornblättrige Platane
2. Traubeneiche
3. Stieleiche
4. Roteiche
5. Gewöhnliche Esche
6. Schwedische Mehlbeere
7. Feldahorn
8. Bergahorn
9. Spitzahorn
10. Gemeine Roßkastanie
11. Walnußbaum

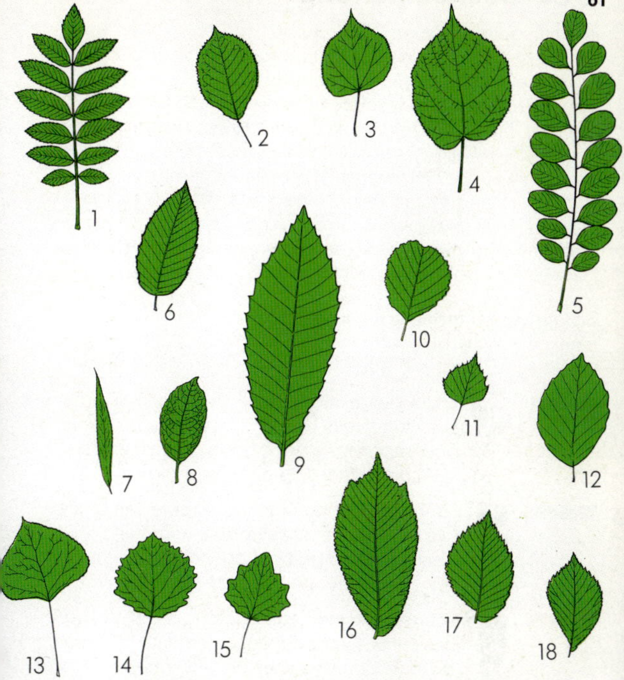

1. Eberesche
2. Vogelkirsche
3. Winterlinde
4. Sommerlinde
5. Robinie
6. Hainbuche
7. Silberweide
8. Salweide
9. Edelkastanie
10. Schwarzerle
11. Hängebirke
12. Rotbuche
13. Schwarzpappel
14. Zitterpappel
15. Silberpappel
16. Bergulme
17. Flatterulme
18. Feldulme

Gebrauchsanleitung

Im vorliegenden neuen *GU Kompaß Laubbäume* werden die wichtigsten Laubbäume Europas vorgestellt. Sie sind in drei Gruppen, mit jeweils einer Kennfarbe, zusammengefaßt. Naturfarbfotos zeigen die Gesamterscheinung und alle für das Bestimmen wichtigen Details des Baums. Leicht verständliche, kurz gefaßte Beschreibungstexte informieren genau über das Aussehen, ein kurzer Einleitungstext vermittelt Wissenswertes über Herkunft, Standort und Verbreitung sowie spezielle Besonderheiten des gezeigten Baums. Auf den Seiten 60/61 sind Blattformen abgebildet, die ebenfalls einen entscheidenden Hinweis für das Erkennen einer Art zu geben vermögen.

Bedeutung der farbigen Kennstreifen
Eine zusätzliche Bestimmungshilfe sind die farbigen Kennstreifen, mit denen die Abbildungen versehen sind.

Laubbäume mit einfachen, ungeteilten Blättern: Die Blattspreite besteht aus einem Teil, kann aber durchaus gelappt oder eingeschnitten sein; die Blätter sind gegenständig.

Laubbäume mit einfachen, ungeteilten Blättern: Die Blattspreite besteht aus einem Teil, kann aber durchaus gelappt oder eingeschnitten sein; die Blätter sind wechselständig.

Laubbäume mit Fiederblättern: Die Blattspreite besteht aus voneinander getrennten Blättchen, die einer gemeinsamen Blattspindel entspringen.

Erläuterung der Beschreibungstexte
Über den kleinen Bildern auf der linken Seite steht der in der Botanik übliche deutsche Name des Baums, in einigen Fällen auch ein oder zwei weitere gebräuchliche Namen. Die Bildunterschrift zu der Bildreihe enthält auf die Bilder bezogene, botanische Informationen. Nach einem Einleitungstext folgen der **wissenschaftliche Name** und unter **Familie** der deutsche Name der Pflanzenfamilie. Das Aussehen wird unter den Stichworten **Gestalt, Rinde, Blätter, Blüten, Triebe** und **Früchte** detailliert beschrieben. Das Stichwort **Ähnliche Art** weist auf ähnliche Baumarten hin, die hier auch kurz beschrieben werden.

Der Autor:
Georg Zauner, Maler und Grafiker, Autor und Regisseur zahlreicher populärwissenschaftlicher Filme und preisgekrönter PR-Filme. Autor des GU Kompasses »Nadelbäume«.

Laubbäume-Register

Redaktionsleitung: Hans Scherz
Redaktion und Herstellung: Ursula Kopp
Lektorat: Dieter Löbbert
Bildredaktion: Angelika Rieckenberg, Ursula Kopp
Zeichnungen: Georg Zauner
Produktion: Helmut Giersberg
Einbandgestaltung: Heinz Kraxenberger
Satz: Filmsatz Schröter GmbH
Offsetreproduktion und Druck: Graphische Anstalt E. Wartelsteiner
Bindung: Ludwig Auer GmbH

ISBN 3-7742-6205-5

Auflage	9.	8.	7.	6.	5.
Jahr	98	97	96	95	94

Die Fotografen:
Pforr: 2 o, 2 m, 4 o, 8 m, 12 m, 14 o, 14 m, 16 m, 20 m, 21, 24 m, 26 m, 28 m, 31, 32 m, 38 m, 47, 54 m, 56 m; Riedmiller: U1, U2 (ul), 6 m, 8 o, 10 o, 10 ml, 10 mr, 10 u, 12 u, 13, 18 m, 18 u, 22 m, 23, 30 o, 32 o, 34 m, 36 m, 37, 40 m, 41, 42 o, 43, 44 m, 45, 46 m, 48 o, 51, 52 m, 54 o, 58 m, 59, U4; Scherz: 28 o, 29, 48 m, 50 m; alle übrigen Zauner

Lieber Naturfreund

Die Natur steckt voller Wunder; eines dieser Wunder ist der Baum in seiner vielfältigen Form und Art. Seit alters her wurde er von den Menschen verehrt, die in ihm die Verkörperung der gewachsenen Natur sahen und denen er vielfachen Nutzen brachte: Holz als Baumaterial und Brennstoff, Früchte zur Ernährung von Mensch und Vieh, Blätter, Früchte und Blüten für die Heilkunst, Blätter als Nahrung und Streu für das Vieh.

Mit den Laubbäumen hat es noch eine besondere Bewandtnis, sie wechseln viermal im Laufe eines Jahres ihr Kleid: Als erstes tragen sie ein lichtes Frühlingsgrün mit buntem Blütenschmuck, dann die dunklen Sommerfarben und im Herbst ein gelbes, braunes und rotes Laub. Im Winter schließlich erleben wir die einzigartige Schönheit der feingegliederten Astsilhouetten – der Bauplan eines jeden Baumes wird offenbar.

Der neue *GU Kompaß Laubbäume* zeigt die häufigsten Laubbäume Mitteleuropas. Die meisten sind seit jeher hier heimisch, einige wenige kommen aus Südeuropa oder Vorderasien. Auf 116 eigens für dieses Büchlein aufgenommenen Farbfotos und mittels leicht verständlicher Beschreibungstexte sind das Gesamterscheinungsbild des Baumes und wichtige Einzelheiten wie Blüten, Früchte, Blätter und Stamm dargestellt. Die im Kompaß gezeigten Arten wachsen in Wäldern und Fluren, an Straßenrändern, in Parks und Gärten. Dieser Bäumeführer im praktischen Einsteckformat will Bestimmungsbuch, darüber hinaus aber auch Vermittler von allerlei Wissenswertem und Besonderem sein. Solche Hinweise findet man nicht überall, sie sind eine Spezialität dieses GU Kompasses. Je mehr der Naturfreund über seine gewachsene Umwelt erfährt, desto mehr wird er die Natur verstehen und lieben lernen.

Der neue *GU Kompaß Laubbäume* paßt in Hemd- und Hosentasche, hat einen strapazierfähigen Einband, ein nur geringes Gewicht und ist deshalb der ideale Begleiter auf Wanderungen durch die Natur.

Viel Freude beim Kennenlernen und Bestimmen von Laubbäumen sowie schöne Naturerlebnisse wünschen Ihnen Autor und GU Naturbuch-Redaktion.

Foto Umschlagvorderseite: Sommerlinde; Umschlagrückseite: Schwarzpappeln

Bergahorn

Wenn der Ahorn blüht, dann leuchtet der Baum von der Fülle der gelben Blütentrauben (oben). Die Früchte hängen gleichfalls in Trauben. Die Flügel der Nüßchen stehen im rechten Winkel zueinander (Mitte). Der Stamm hat im Alter eine schuppige Rinde (unten).

Unter den einheimischen Ahornbäumen ist diese Art die stattlichste. Gewisse Ähnlichkeiten mit der Platane (spitzlappige Blätter und abblätternde Rinde haben ihm die Artbezeichnung *pseudoplatanus* eingebracht. Wenn jedoch im Sommer die geflügelten Früchte erscheinen, die sich die Kinder gern auf die Nase kleben, dann ist klar, daß es keine Platane sein kann. Der Bergahorn, dessen Heimat von Mitteleuropa bis zum Kaukasus reicht, findet sich vor allem in den Berglandschaften, wo er bis in Höhen von 1600 Metern wächst. Inzwischen ist der dekorative Baum mit dem goldgelben Herbstlaub in ganz Europa verbreitet und in Parks, an Plätzen und Straßenrändern angepflanzt. Er kann die Stadtluft mit ihren Abgasen relativ gut vertragen. An günstigen Standorten mit humus- und nährstoffreichen Böden wird er bis zu 400 Jahre alt. Das Holz ist von allen Ahornarten das wertvollste. Es ist fast weiß, seidig glänzend und hart. Früher wurde es zu Drechslerarbeiten, heute wird es mehr in der Möbelindustrie verwendet. Löffel und Teigrollen sind aus Ahornholz, und sogar Geigenböden können daraus gefertigt werden. Etliche Gartenformen zeigen diese Bäume mit rotfleckigen, roten oder goldgelben Blättern.